AF249727

LE CIMETIÈRE DE DIXMUDE

Récit d'un Fusilier-Marin

PAUL BROISE

Le Cimetière de Dixmude

(Octobre-Novembre 1914)

Récit d'un Fusilier-Marin

(Pièce dite par le quartier-maître E. Bertaud, du Conservatoire de Nantes, à l'Ecole des Mécaniciens de la Marine et au Théâtre de Lorient, les 20-21 Mars et 10 Avril 1917, à la gloire des Fusiliers-Marins de l'Yser).

LORIENT
AL. CATHRINE, EDITEUR

1917

L'AMIRAL RONARC'H
ET LE DRAPEAU DES FUSILIERS-MARINS

LETTRE-PRÉFACE

A M. P̲ᴀᴜʟ B̲ʀᴏɪsᴇ, *auteur du « Cimetière de Dixmude. »*

Mᴏɴ ᴄʜᴇʀ Cᴏɴғʀᴇ̀ʀᴇ,

Oui, ce fut un lieu sinistre que ce cimetière de Dixmude, sinistre et magnifique. Vous avez pensé qu'on pouvait faire tenir entre ses quatre murs toute l'épopée de la Brigade des Fusiliers-Marins, comme Hugo, jadis, ramassa dans le Cimetière d'Eylau toute la sublimité éparse de la gigantesque bataille livrée par Napoléon sur la Pasmar. Et c'est peut-être Hugo qui avait raison contre Thiers ; c'est peut-être vous qui avez raison contre l'historien, encore à naître, de la Brigade.

Les poètes passent depuis Orphée pour avoir reçu de Zeus un de ses attributs les plus transcendants, la puissance de créer, — ποιεῖν, — d'où leur est venu ce nom de « poètes ». Ils échappent ainsi à la tyrannie du temps et de l'espace ; ils conçoivent, comme Zeus, dans l'absolu.

« Je puis donner la mort, toi l'Immortalité »

dit Charles IX à Ronsard. Didon continuera de soupirer pour Enée, en dépit de la vaine chronologie qui met entre eux la barrière d'une couple de siècles. Et, bien que Roland n'ait jamais commandé l'arrière-garde de Charlemagne, les pâtres de Roncevaux entendront toujours au crépuscule le râle de son olifant. Car les poètes créent pour l'Eternité. C'est par eux que la Brigade est entrée toute vive dans

2

la Légende, d'où tous les anecdotiers, mémorialistes, historiographes du monde ne la feront plus descendre. Le beau succès, et si mérité, remporté par votre poème à l'Ecole des Mécaniciens de la Marine et au Théâtre de Lorient, en est bien la preuve. Et qu'importe, en définitive, quelques accrocs à l'exactitude ? Au-dessus des faits, des hommes mêmes, toujours sujets à controverse, il y a cette réalité supérieure qui s'appelle l' « Idée ».

J'ai plaisir à saluer en vous un de ses servants.

CHARLES LE GOFFIC.

Rûn-Rouz, 22 juin 1917.

AVANT-PROPOS

Les Fusiliers-Marins ! Les Bretons de Dixmude !
La Brigade !

Ce ne sera que plus tard, lorsque la France, revivifiée dans le sang des meilleurs de ses fils, jouira enfin d'une paix assise sur la plus complète des Victoires, qu'il sera possible de magnifier vraiment à sa valeur la *Geste Sublime* de cette poignée de héros qui, en tenant tête sans fléchir, durant de longues semaines, à un ennemi décuple en nombre, ont pour jamais refoulé dans les marais de l'Yser les hordes envahissantes du nouvel Attila.

Déjà le maître Le Goffic, en son beau livre de *Dixmude*, nous a donné une vision de ces jours tragiques, de ces quatre semaines surtout d'octobre-novembre 1914, au cours desquelles nos marins, décidés, plutôt que de céder, à se faire tuer jusqu'au dernier, atteignant ainsi leur double but de faciliter le désencerclement de l'armée belge et de permettre à nos renforts d'accourir, ont bataillé de telle sorte que l'offensive ennemie, dès le premier contact émoussée, s'est vue irrévocablement brisée sur ce front du Nord, stérilement réduite à l'occupation de ce monceau de décombres sans nom qui étaient naguère les maisons, les cloîtres, l'Hôtel-de-

Ville, la Cathédrale de cette modeste bourgade wallonne dont le nom, à l'avenir, brillera d'un éclat incomparable : Dixmude !

De son côté, un autre Breton, M. Georges Le Bail, s'inspirant des mêmes sentiments élevés, a donné, dans la forme la plus attachante, comme un tableau de la vie intime, en ces heures marquées d'une sublimité poignante, de ces officiers, officiers-mariniers, quartiers-maîtres, marins, brevetés ou apprentis, de ces splendides *Jean Le Gouin* enfin, dont il a pris pour titre de son œuvre le glorieux sobriquet.

Sans prétendre marcher sur les brisées de ces écrivains avertis et de haut talent, dont la plume semble trempée dans la plus pure sève de notre vieux chêne celtique, j'ai pensé que, tout de même, après un Trégorrois et un fils de Cornouailles, il serait bien permis à un Venète « bretonnant » de jeter à son tour au moins quelques fleurs sous les pas — et trop souvent, hélas ! sur les tombes — de ces descendants des rudes adversaires maritimes du premier des « Kaiser », qui, jaloux de soutenir le renom de leur race, ont opiniâtrément combattu, — jusqu'à la mort, — pour le salut de la Gaule nouvelle.

Et c'est pourquoi, pressé du reste par de trop aimables instances, je me suis enfin décidé à publier ce petit livre.

Qu'on veuille bien user d'indulgence, en raison de l'intention, à l'égard de ses imperfections et, aussi, de ses trop nombreuses lacunes...

LE DRAPEAU DE LA « BRIGADE »

« Ces hommes furent des lions commandés par des héros »,
(Paroles prononcées au Havre, le 30 octobre 1916.
à l'occasion de la bataille de l'Yser, par S. E.
M. le baron de Brocqueville, Premier Ministre de
S. M. le roi des Belges).

La Bretagne, le pays des Venètes principalement, a été de tout temps une pépinière de marins... et quels marins ! Il n'est pas un feuillet de nos glorieuses annales nationales où ne brille, telle une gemme en sa coque irisée, un nom illustre ou plébéien, de marin d'Armorique.

Pour être équitable, il faudrait les nommer tous : mais la tâche d'un seul homme n'y suffirait pas pendant une vie entière. J'en viens donc, sans autre transition, à la guerre mondiale déchaînée par les appétits féroces du peuple teuton et de son digne souverain, aux derniers jours de juillet 1914.

Dès le premier coup du canon d'alarme, le bataillon lorientais des fusiliers-marins, commandé depuis l'année précédente par le regretté commandant Jeanniot, assassiné deux mois après, à Dixmude, dans un guet-à-pens allemand, était mis sur le pied de guerre, prêt à partir.

Entre le 7 et le 9 août, s'étant accru des réserves puisées parmi nos rudes pêcheurs-côtiers, il se constituait en deux régiments dont le premier, — le régiment de Lorient proprement dit, — fut placé sous les ordres du capitaine de vaisseau Delage.

Le dépôt du 2ᵉ régiment, comprenant également une grande majorité de Bretons, avait été fixé à Toulon.

Le 22 août, le contre-amiral Ronarc'h, à la fois l'âme et la tête de l'épique défense du front belge — devenu depuis le plus jeune de nos vice-amiraux — prenait le commandement de la brigade. Elle comprenait à ce moment 6434 hommes, état-major compris.

J'ai promis que je ne reviendrais pas sur ce qu'ont déjà si bien dit MM. Le Goffic et Le Bail au sujet de l'admirable conduite de nos *Jean Gouin* au cours de cette immortelle campagne.

Je n'évoquerai pas non plus — le souvenir en est resté trop vivant — leur départ pour le front, en cette claire matinée du dimanche 16 août 1914, alors que, défilant comme pour une revue par les rues de Lorient pour se rendre à la gare, nos futures *demoiselles aux pompons rouges* — des éphèbes et des barbes grises — voyaient leurs rangs débordés par la ruée d'amis, de parents, par leurs vieilles mères, leurs femmes, leurs tout petits, nul ne pouvant se résoudre à les laisser ainsi partir vers le terrible inconnu sans une suprême étreinte, sans un dernier baiser.

Ils ont été, tous, magnifiques et sublimes, sans une heure de défaillance, nos fusiliers-marins ! Beaucoup d'entre eux sont morts face à l'ennemi.

Les autres conserveront, comme des brevets de gloire, leurs glorieuses cicatrices.

... Aux morts, comme aux vivants, il manquait, le rideau tombé sur le Drame, une chose, un « rien » au point de vue matériel, mais qui pour eux était précisément *tout*, car il devait demeurer comme le symbolique témoin de leur surnaturelle énergie... un Drapeau.

Ils l'ont eu : pour ces vaillants entre tous les vaillants, nos immortelles couleurs ont pris enfin une forme concrète, officielle : la Brigade des Fusiliers-Marins, créée en août 1914, dissoute le 19 novembre 1915, mais qui survit dans son bataillon d'origine, toujours au front et commandée actuellement par l'intrépide capitaine de frégate de Maupeou d'Ableiges, n'est pas morte, et ne mourra désormais pas : car elle tient l'emblème qui l'incarne. Et c'est Lorient qui le lui a donné.

*
* *

Aux premiers jours de janvier 1915, M. Augagneur, alors Ministre de la Marine, publiait l'arrêté suivant :

Art. 1. — Il est institué pour les formations de marins à terre un drapeau portant l'inscription : « Régiment de Marins ».

Art. 2. — Pendant les hostilités, l'une des formations de marins à terre, que le Ministre désigne suivant les circonstances, est chargée de la garde du drapeau.

Art. 3. — En temps de paix, cet emblème est confié à l'Ecole des apprentis fusiliers de Lorient.

D'abord, pour l'offrir, nos cinq ports de guerre avaient été pressentis, mais bientôt la compétition se restreignit entre Toulon et Lorient, nos deux plus grandes pépinières de soldats de la mer, et une noble émulation se forma entre les deux ports pour obtenir ce suprême honneur.

C'est Lorient, on le sait, qui l'a emporté. Mais il n'y avait pas un moment à perdre : la date de la remise était fixée au 2 janvier, dernier délai.

Déjà, il est vrai, le 5 novembre précédent, M. P.

Esvelin, maire de Lorient, était allé proposer à l'amiral Perrin, alors commandant d'armes, au nom de la Municipalité et des Dames du Comité de la Guerre, qui auraient été heureuses de le confectionner elles-mêmes, le drapeau tant sollicité.

Mais les formalités administratives traînèrent à Paris de telle sorte que ce ne fut que le 29 décembre que l'Amiral recevait du Ministère un message téléphonique lui faisant connaître que l'offre généreuse des édiles et des dames Lorientaises était définitivement agréée.

Le surlendemain, en raison de l'urgence, et après en avoir délibéré avec ses collègues, le Maire prenait le train pour Paris où il arrivait dans la matinée du 1er janvier.

Se faisant conduire aussitôt rue Royale, M. Esvelin n'eut pas de peine à démontrer au Ministre qu'il était matériellement impossible de livrer le glorieux objet pour une époque aussi rapprochée, et en obtint que la date de la remise fût prorogée au 4 du même mois.

Il ne fallait plus songer à avoir recours à la patriotique obligeance du Comité de la guerre lorientais, et force fut de confier, séance tenante, le travail à un habile spécialiste de Paris, M. Artus Bertrand, qui s'en acquitta du reste au mieux et avec la plus extrême complaisance.

C'est ainsi qu'au jour dit, l'insigne étant prêt, une délégation du Conseil Municipal de Lorient, composée de MM. ESVELIN, *maire*, LE SEIGLE, *adjoint*, BOUTHELIER et LE MOAL, *conseillers municipaux*, l'apportait au Ministère de la Marine où les attendait M. AUGAGNEUR, entouré de MM. l'amiral GAUCHARD, du capitaine de vaisseau SALAÜN.

depuis contre-amiral, et d'un lieutenant de vaisseau aide de camp.

Durant toute l'entrevue, empreinte de la plus émouvante simplicité, un jeune « *Jean-Gouin* », premier porte-drapeau improvisé, tint tout grand éployé le nouveau drapeau brodé d'ancres d'or à ses angles, et portant sur une de ses faces la noble devise des marins : « *Honneur et Patrie* » et sur l'autre : « *Régiments de Marins* ».

Au nom de la délégation, M. Esvelin, très ému, remercia en termes chaleureux le Chef de la Marine d'avoir choisi Lorient pour doter d'un drapeau les régiments de marins et d'en avoir confié le dépôt au régiment de fusiliers-marins de notre port, formant ensuite — ce sont ses propres paroles, — « des vœux ardents pour que l'emblème précieux conduise à des victoires nouvelles nos braves marins qui avaient su donner, dans de récents combats, mesure de la leur esprit d'abnégation et de leur héroïsme ».

Le Ministre, après avoir vivement remercié la Ville et dit les raisons pour lesquelles il avait donné ses préférences à Lorient, assura que « sous peu de jours, ce beau drapeau serait porté au front et présenté au régiment de marins qui, ajouta M. Augagneur, sauraient à nouveau s'en rendre dignes ».

L'audience prit fin sur ces mots.

*
* *

Quelques jours après, nos héroïques « Gardiens » de l'Yser recevaient des propres mains de M. Poincaré la plus haute récompense que pussent recevoir ces cœurs admirables de soldats bretons.

J'emprunte à l'*Illustration* de 23 janvier le compte-rendu, suggestif en sa simplicité, de cette émouvante cérémonie :

« Le lundi 11 janvier, le Président de la République, accompagné du Ministre de la Marine et du général Duparge, secrétaire général de la Présidence, se rendait au front nord, afin de remettre aux fusiliers-marins le drapeau dont ils viennent d'être dotés.

C'est près de la côte, sur les lieux mêmes qui, depuis tant de semaines, sont témoins de l'héroïsme magnifique des combattants d'élite de Dixmude et de Nieuport, au milieu de ces dunes qu'ils reconquièrent pas à pas sur l'ennemi avec une opiniâtre ardeur, qu'eut lieu, dans les formes traditionnelles, l'émouvante cérémonie.

« L'amiral Ronarc'h, qui est l'âme de cette épopée, était à la tête de sa brigade, superbe d'allure et de confiance. »

Devant les troupes impeccablement alignées, et sur les rudes visages desquelles se voyaient les marques non équivoques d'une irrésistible émotion, le Chef de l'Etat, en leur présentant leur drapeau si hautement acquis, prononça la vibrante allocution suivante :

FUSILIERS-MARINS, MES AMIS,

« Le drapeau que le Gouvernement de la République vous remet aujourd'hui, c'est vous-mêmes qui l'avez gagné sur les champs de bataille. Vous vous êtes montrés dignes de le recevoir et de le défendre. Voilà de longues semaines qu'étroitement unis à vos camarades de l'armée de terre, vous soutenez victorieusement comme eux la lutte la plus âpre et la plus sanglante. Rien n'a refroidi votre ardeur, ni les difficultés du terrain, ni les ravages qu'a d'abord faits parmi vous le feu de l'ennemi ; rien n'a abattu votre élan, ni les gelées, ni les pluies, ni les inondations. Vos officiers vous ont donné partout l'exemple du courage et du sacrifice, et, partout, vous avez accompli sous leurs ordres des prodiges d'héroïsme et d'abnégation.

« — Le drapeau que je vous confie représentera désormais la France Immortelle ; la France, c'est-à-dire vos foyers, le lieu où vous êtes nés, les parents qui vous ont élevés, vos femmes, vos enfants, vos familles et vos amis, tous vos souvenirs, tous vos intérêts, toutes vos affections ; la France, c'est-à-dire un passé d'efforts communs et de gloire collective, tout un avenir d'union nationale, de grandeur et de liberté.

« — Mes amis, ce sont les plus lointaines destinées de la Patrie et de l'Humanité qui s'inscrivent, en ce moment, sur le Livre d'Or de l'Armée Française. Notre race, notre civilisation, notre idéal sont l'enjeu sacré des batailles que vous livrez. Quelques mois de patience, de résistance morale et d'énergie vont décider des siècles futurs. En conduisant ce drapeau à la victoire, vous ne vengerez pas seulement nos morts, vous mériterez l'admiration et la reconnaissance de la postérité :

Vive la République ! Vive la France !

LEURS TITRES DE GLOIRE

RÉPUBLIQUE FRANÇAISE
LIBERTÉ, ÉGALITÉ, FRATERNITÉ.

MARINE NATIONALE
ORDRES DU JOUR
Aux officiers, officiers-mariniers, quartiers-maîtres et marins.

HONNEUR ET PATRIE

ORDRE DU JOUR
DU MINISTRE DE LA GUERRE

OFFICIERS, OFFICIERS-MARINIERS, QUARTIERS-MAITRES ET MARINS,

En portant à votre connaissance l'ordre du jour pris par le général en chef au moment où la plus grande partie de la brigade cesse de servir sous son haut commandement, je tiens à y joindre les sentiments de reconnaissance de la Marine envers ceux que, sur tout le front, on appelait *La Garde*, et dont on a pu dire, dans une lettre émouvante, demandant le maintien à l'Armée de leur glorieux drapeau, qu' « aucune troupe d'élite, à aucune époque, n'a fait ce qu'ils ont fait comme somme de bravoure et de longue endurance. »

Ces belles paroles resteront, avec l'ordre du jour du général en chef, le plus précieux des témoignages et la Marine tout entière sera, comme moi, très fière des marins qui nous l'ont valu.

Fait à Paris, le 12 décembre 1915.

LE VICE-AMIRAL, MINISTRE DE LA MARINE,

L. LACAZE.

ORDRE DU JOUR
DU GÉNÉRAL EN CHEF

Avant que la brigade de Fusiliers-Marins ne quitte la zone des Armées, le général commandant en chef tient à leur exprimer sa profonde satisfaction pour les brillants services qu'elle n'a cessé de rendre au cours de la campagne, sous le commandement de son chef, l'amiral Ronarc'h.

La vaillante conduite de la brigade dans les plaines de l'Yser, à Nieuport et à Dixmude, restera aux armées comme un exemple d'ardeur guerrière, d'esprit de sacrifice et de dévouement à la Patrie.

Les Fusiliers-Marins et leurs chefs peuvent être fiers des nouvelles pages glorieuses qu'ils ont écrites au livre de leur corps.

Au Grand Quartier Général,
le 19 novembre 1915.

J. JOFFRE.

PRO PATRIA SEMPER

Ces ordres du jour seront affichés dans les batteries de nos bâtiments et les services de nos ports, sous notre devise « *Honneur et Patrie* », et y resteront en permanence pour que les Équipages de demain sachent ce qu'ils auront à faire pour se montrer dignes des Marins de Dixmude et de l'Yser.

LE CONTRE-AMIRAL MINISTRE DE LA MARINE,
L. LACAZE.

Plus d'un an auparavant, la Brigade, alors plongée en plein dans la fournaise de Dixmude, avait été portée à l'ordre de l'Armée (26 octobre 1914) avec la concise, mais éloquente citation suivante :

BRIGADE DE FUSILIERS-MARINS

« *A fait preuve de la plus grande vigueur et d'un entier dévouement dans la défense d'une position stratégique très importante.* »

Simple constatation : au moment de la dissolution de la Brigade, elle comptait plus de 4000 citations à l'ordre du jour et plus de 8000 croix de la Légion d'honneur et médailles militaires.

LA FOURRAGÈRE

Enfin, pour sceller la série de toutes ces distinctions si héroïquement méritées, la fourragère a été décernée au corps entier de la Brigade, dans la forme officielle suivante :

« En exécution de la circulaire ministérielle accordant aux marins dont les unités ont été citées à l'ordre du jour de l'Armée le port de la fourragère, le général Commandant en Chef les Armées françaises a conféré la fourragère à la Brigade de Fusiliers-Marins, qui s'est couverte de gloire dans les plaines de l'Yser. »

Le Cimetière
de Dixmude

(OCTOBRE-NOVEMBRE 1914)

« A Charles Le Goffic, maître au verbe disert,
Epique chroniqueur des Marins de l'Yser ».

I

En partant pour l'Yser, on était bien six mille :
Francs-lurons, peur de rien, l'âme fière et virile,
Adorés de nos chefs, les aimant plus encor,
Parés, tous à les suivre… au-delà de la mort !

Engoncés lourdement dans nos grises capotes,
Martelant à plaisir le pavé de nos bottes,
Je nous revois toujours traversant Lorient,
La taille bien cambrée et le front souriant…
Comme des gens de cœur qui, narguant la souffrance,
Ont dévoué leur vie au Salut de la France…

Des fleurs à nos fusils, aux lèvres un refrain,
Ainsi nous défilions, alertes, pleins d'entrain ;
Et nos cuivres au vent rugissaient en tempête.

Mais si nous retournions — furtivement — la tête,
— Car aucun n'entendait qu'on le vît s'émouvoir, —
Dans la foule fiévreuse empressée à nous voir,
Parfois apparaissait une figure chère :
— « Adieu, les petits gars ! — Courage, bonne mère ! —

Criions-nous, haletants ». Et nous pressions le pas,
Et nos tempes alors sonnaient comme des glas.....
Car, de les voir ainsi perdus dans leur détresse,
Sans soutien désormais et sans douce caresse,
De songer à leur sort quand on serait parti,
Pas un seul d'entre nous, alors, qui ne sentit
Bien gros son pauvre cœur et plus lourdes ses armes...
Et dans nos yeux troublés roulaient de grosses larmes...

Arrivés à la gare, on est à demi fous...
Mais voici qu'un clairon sonne le « *Garde à vous* »,
Et l'on s'embarque aux cris stridents de la sirène...

Chose étrange ! Soudain l'esprit se rassérène :
Pas encore parti, chacun songe au retour ;
Ce sont partout des cris de confiance, d'amour :
« Kenavo ! vos marins vont hâter la victoire :
Ils vous reviendront tous, les mains pleines de gloire.....! »

Aventureux espoirs ! Vœux trop souvent déçus !
Combien s'en sont allés qui ne reviendront plus !

II

Nous entrons à Dixmude au soir du seize octobre.
Un horizon sans borne, un paysage sobre,
Quelques maigres tilleuls au doux bruissement...
Hors la mer, on dirait un Pont L'Abbé flamand...
— Tragique Pont L'Abbé. dont une pierre noire
Pour jamais dans les temps marquera la mémoire,
Hier simple bourgade au nom presqu'inconnu,
Dont aujourd'hui l'on est fier d'être revenu...

Surtout sous ce ciel bas et grisâtre d'automne,
Qu'elle semble vieillotte, et morne, et monotone,
La Grande place vide où s'alanguit l'Yser.
Peu de gens, pas de bruit... on se croit au désert...

Mais sitôt qu'au beffroi la cloche de nuit tinte,
Cette vie ignorée — et qu'on eût dite éteinte, —
Se ranime un instant : soudainement surgis,
Des fantômes muets sortent des vieux logis :
Enfants au teint vermeil, filles aux nattes blondes,
Graves bourgeois drapés dans leurs amples rotondes,
Et, marchant à pas lents en baissant le regard,
— Cependant que chacun s'incline avec égard —
Des nonnes au front bas, de mystiques béguines
Aux hennins rehaussés de bruge et de malines...
Tout ce monde se rend à l'office du soir.

Et la lune, luisant ainsi qu'un ostensoir,
Semble vouloir trouver des clartés plus discrètes,
Pour laisser leur mystère à ces formes désuètes...

Cependant — car, partout, le mathurin est gai —
D'entreprenants « Jean Gouin » s'emplit le « Papegai » :
Maison d'un autre temps, demeure hospitalière
Où l'accueil est cordial et divine la bière...
Foin du cafard ! pourquoi s'en faire ? On les aura !
C'est au son du biniou que le bal finira...

III

Le bal ! on l'a dansé vingt-quatre jours, — vingt-quatre
Siècles — passés, vécus, nuit et jour à nous battre,
Sans trêve, sans repos, harcelés de partout...
Mais ayant bien juré de tenir jusqu'au bout !

Pour les dire en détail, ces atroces journées,
— ... Moins d'un mois, cependant — il faudrait des années ;
Je vais donc, simplement, vous faire le récit
De ce qui s'est passé dans la dernière nuit.

*
** *

Notre tranchée était creusée au cimetière.
Dressée en plein milieu, la grande croix de pierre
Jusqu'à nous profilait l'ombre de ses longs bras.
Des tertres l'entouraient, couverts de gazons ras
Que de pieuses mains avaient plantés de roses...

Et cela nous faisait rêver de douces choses :
On revoit, tout là-bas, en refermant les yeux,
Le clos bordant l'église, où dorment les aïeux,
Le calvaire en granit aux fines dentelures,
Au pied duquel, en deuil sous leurs blanches coiffures,
Nos femmes et nos sœurs, implorant Dieu pour nous,
Montrent aux tout petits à se mettre à genoux :
Toute une vision du printemps en Bretagne :
Les pommiers frais fleuris embaumant la campagne,
La lande dont s'exhale un sauvage parfum,
Et la rude splendeur de l'Océan sans fin.

Une marmite boche, éclatant sur nos têtes,
Nous ramène aux horreurs du présent. Des trompettes,
Sonnant on ne sait où, vibrent comme un signal,
Et, dès l'instant, commence un hideux bacchanal.

Tandis que l'ennemi, fort de trois corps d'armées,
Sur nos positions à la hâte formées
Se rue en un élan qu'on ne peut contenir,
Sur Dixmude, de loin, se concentre leur tir :
La ville n'est bientôt qu'un monceau de décombres
Où, les traits égarés, errent, comme des ombres,
Les rares habitants à rester entêtés....

· · · · · · · · · · · · · · ·

L'horreur plane sur les monuments dévastés.
Le vieil hôtel de ville est atteint en plein centre ;
Sur le Papegai tombe un obus qui l'éventre ;
De ce doux Béguinage, au parfum si subtil
De prière et de paix, à peine reste-t-il
D'innommables débris que la flamme consume.
Saint-Nicolas restait... A son tour, son toit fume ;
Hideux profanateurs, les Prussiens ont pointé
Sur l'antique beffroi, de tout temps respecté,
Leurs canons les plus sûrs qui l'ont pris comme cible.
L'édifice s'écroule au choc irrésistible,
Tandis que son bourdon, atteint en plein métal,
Lance, en touchant le sol, un appel sépulcral..

*
* *

Nous, dans le cimetière apostés en grand'garde,
Nous attendons toujours l'attaque qui s'attarde,
Quand, aux relents d'alcool, de vin, de sang, d'éther,
Dont — autant que leurs gaz — ils empoisonnent l'air,
Nous sentons que sur nous marche un parti de Boches...

Nous n'avions pas les yeux, vous pensez, dans nos poches.
Aussi, dès qu'on est sûr de les apercevoir,
C'est à qui se prépare à les bien recevoir.
Un médecin-major, une croix rouge au bras,
Parjure au droit commun, les mène au branle-bas.
D'un premier coup de feu nous abattons le reître,
Et, tandis qu'effaré par la chute du traître,
L'adversaire demeure, un moment, indécis.
Nous avons tous sauté, d'un bond, sur le glacis...

*
* *

C'était un fier poilu que Martin des Pallières,
Breton pur sang, lieutenant de vaisseau naguères...
Devenu capitaine aux fusiliers-marins.
Splendide de sang-froid, les yeux toujours sereins,
C'est lui qui le premier saillit de la tranchée...

Quel tableau, mes enfants !
                          La nuit paraît hachée
D'éclairs à peine éteints fulgurant aussitôt :
On se croirait à bord d'un immense brûlot.
Les canons enroués vomissent de la braise.
Crépitant sans répit dans l'ardente fournaise,

Nos fusils échauffés nous calcinent les mains :
Le sang gicle et serpente à travers les chemins
Que sillonne en fauchant la mort, hideuse gouge !
Est-ce le soir ou l'aube ?... On ne sait... il fait rouge...
Et c'est plutôt l'Enfer, car on sent le roussi...
Au revers des fossés, jacassant à merci,
Les mitrailleuses, dont les rouages s'encrassent,
Ont des cris désolés de corbeaux qui croassent...
Tout se confond, le ciel, le sol, les combattants...

Les morts même, éveillés, se joignent aux vivants :
Une bombe à ma droite éclate : un corps macabre
Jaillit de terre ainsi qu'un poulain qui se cabre ;
Son orbite évidée, aux lueurs du combat
Brille lugubrement d'un démoniaque éclat...
Vient un second obus : le cadavre retombe,
Et le nouvel engin le recouche en sa tombe.

Cependant l'ennemi se rue en tous les points ;
Tout compte fait, ils sont quarante mille au moins,
Et nous, du Cimetière à ce qui fut la ville,
De la Brigade on reste à peine quatre mille,
La gorge incandescente, effroyablement las...
Les morts autour de nous s'amoncellent en tas.
Eno, Gauthier, Duguey, gisent, la tête ouverte.
Le commandant Rabot s'affaise, mais sa perte
Ne fait que stimuler notre ardente rancœur
Et ne nous met, au fond, que plus de haine au cœur...

*
+ +

C'est fou, vouloir tenir contre quarante mille !
Pourtant, se replier serait bien inutile :
Ils nous canarderaient aussi bien dans le dos ;
Puis, l'amiral Ronarc'h, qui connaît ses héros,
A commandé qu'on pousse à fond la résistance.
A Dieu Vat ! On mourra, puisqu'il faut, pour la France...
Mais ce n'est pas gratis qu'ils auront notre peau.

« Clairons, un dernier ban ! Je Salut au Drapeau ! »

Cela fait, l'on replonge en l'abîme, avec rage.
Les Allemands, troublés devant un tel courage,
En des rires bruyants affectent le mépris :
« Tomzelles » aux pompons rouges ! » s'esclaffent-ils...
Ils ont fait connaissance avec ces... *demoiselles* :
Je ne suis pas bien sûr s'ils les trouvèrent belles,
Mais dix mille d'entr'eux, couchés sur le terrain,
Payèrent de leur sang leur morgue trop sincère...

. . . .

Pourtant, autour de nous le cercle se resserre :
Sauf sur les bords du fleuve, ils nous cernent partout.
Le moment est venu de jouer son va-tout...

*
+ +

La lutte, alors, se fait désespérée, atroce.
Si le fusil se brise, on frappe avec la crosse,
Avec les pieds, les poings : l'on étrangle, l'on mord...
Seul, un vieux médaillé d'Afrique, un fils d'Armor,
Reste inerte, une lueur fauve dans sa prunelle.
Des Pallières l'avise : « Et quoi ! la demoiselle,

Au lieu de... tricoter, l'on se croise les bras ? »
— « Capitaine, bégaye en rougissant le gars,
J'ai laissé... pas exprès... vous savez... sans reproche...
Mon épingle à chapeau dans le ventre d'un Boche... »
— « Ce n'est que ça, sourit le capitaine ; eh bien !
Ces muscles-là, gaillard, ça ne sert donc à rien ?
Voilà des bras taillés pour faire une omelette....
Puis, si le jeu te lasse, il te reste ta tête.
Fonce dedans ! C'est dur, la tête d'un Breton !.... »

Le soir, Martin mourait d'un éclat en plein front.

*
* *

Depuis combien de temps nous battions-nous ? Qu'importe ?
Quoi qu'il fût, leur poussée, infiniment trop forte,
Allait avoir raison du dernier d'entre nous
Quand — soudain, — nous voyons, de l'eau jusqu'aux genoux,
Les Boches effrayés tourner flanc au plus vite.
Nous mêmes, qui songions d'abord à la poursuite,
Nous sommes arrêtés par le flot qui montait.

Ce secours imprévu, voici ce que c'était :
Un patriote belge avait ouvert les vannes
Et, l'Yser débordant sur ses rives trop planes,
L'antique *shore* ainsi se reconstituait.
L'ennemi, cependant, éperdûment, fuyait,
Non sans que, dans leur hâte à regagner la ville,
Le fleuve grossissant n'en engloutît deux mille.
Dixmude n'était plus qu'un vaste lai de mer...
On se résoud alors à repasser l'Yser.

Lentement, l'arme au poing et l'oreille attentive,
Nous atteignons, sans trop de péril, l'autre rive.
Nous y sommes toujours : ils n'iront pas plus loin...
Tant que battra le cœur du dernier des « Jean Gouin » !

IV

Ceux qui sont morts là-bas avaient, comme une aurore,
Salué le Drapeau qu'ils attendaient encore
Lorient a voulu réaliser leur vœu.
Sur la soie éclatante, en des lettres de feu,
Il a gravé les traits de la Geste Sublime,
Afin qu'enlinceulés en leur gloire anonyme,
Il berce mollement ces épiques héros,
Et que plus doux pour eux soit l'Eternel Repos...

*
* *

Plus tard, quand nos enfants — ces réserves futures —
Avides d'applaudir aux nobles aventures,
Verront, par un matin de printemps radieux,
Défiler un drapeau dont les plis glorieux
Portent la double croix décernée aux plus dignes,
Quand on leur aura dit que ces nobles insignes
Sont la rançon du sang prodigué sur l'Yser,
Tous, le cœur frémissant, s'écrieront de concert :
« *En soutenant l'honneur de la France meurtrie,*
Les Bretons de Dixmude ont sauvé la Patrie ! »

NOS HÉROS

J'aurais bien désiré — n'eut été obstant le cadre trop restreint auquel j'ai dû me limiter — faire figurer ici tous les noms, avec les titres, avec les citations que leur ont values tant d'efforts surhumains de foi souriante, un si constant oubli de soi-même, de tous ces héroïques marins de France qui, du grand-chef au dernier apprenti-fusilier, en passant par tous les grades de la hiérarchie, ont sauvé la France à Dixmude.

Quels noms, en effet, plus dignes d'illustrer une nouvelle Iliade ! Après l'amiral Ronarc'h, ce chef unique, cette incarnation de l'intrépidité froide et de la ténacité bretonne, après ce grand conducteur d'hommes, c'est le commandant Delage, chef attentionné et soldat intégral ; c'est le lieutenant de vaisseau Gamas, ce preux de nos vieux âges qu'on dirait sorti d'une Chanson de Gestes ; c'est encore son collègue le lieutenant de vaisseau Serieyx, échappant, alors que la bataille faisait rage, — et bien que grièvement blessé — au parti ennemi qui l'avait fait captif, et traversant l'Yser à la nage sous une pluie de balles pour porter à ses chefs les précieux renseignements qu'il avait pu obtenir...

Quels noms aussi à conserver pieusement au Livre d'Or de nos gloires nationales que ceux de ces officiers des Equipages de la flotte, de ces admirables « officiers bleus » du nouveau régime, issus de la fine fleur de la plus belle des maistrances du monde, serviteurs dévoués, chefs toujours prêts à donner l'exemple en payant de leur personne, les Golbain, les Péronnet, les Le Gall, les Le Prévost, les Cocheril, les Scolan, les Devisse, les Fabre, cent autres encore que je regrette de ne pouvoir nommer, qui tous, qu'ils appartinssent au 3e dépôt ou à notre Ecole lorientaise des apprentis-mécaniciens de la Flotte, ont enlevé au prix du sang le plus pur les palmes guerrières, et la croix de la Légion d'honneur qui brillent aujourd'hui sur leurs loyales poitrines.

Je m'excuse donc de ne donner ici que le martyrologe — et bien incomplet encore — de ceux-là de leurs camarades, de leurs frères d'armes, qui, en accomplissant leur devoir, souvent plus que leur devoir, sont tombés sous la faulx de la mort en cette terre Wallonne qu'ils ont libérée au prix de leur vie, et dans le sein de laquelle le plus grand nombre d'entre eux sans doute dormiront leur éternel sommeil.

LE RETOUR

Elle avait tant pleuré — plus d'un an sans nouvelles
Du fils, du cher petiot, seul fruit de ses amours, —
Que ses beaux yeux, jadis si vibrants d'étincelles,
Se sont enfin perdus dans la Nuit de Toujours...

On l'avait vu tomber, là-bas, près de Bruxelles...
— « Bruxelles, c'est bien loin ! Combien faut-il de jours,
Même avec leurs ballons aux légères nacelles...
Pour finir par atteindre à ces lointains séjours ?...

Naïve, elle songeait ainsi, la douce mère...
Soudain, un cri joyeux traverse la chaumière :
— « C'est moi, maman, ton gars ; trêve aux pleurs superflus... »

Alors le marin vit, sous un divin effluve,
Luire et flamber, ainsi que la braise en l'étuve,
Ces pauvres grands yeux morts qui ne le verront plus...

Décembre 1915.

LA MASCOTTE DU BATAILLON

Recueilli errant et désorienté dans la plaine Wallonne mise à sac par les Barbares Germains, c'est un tout petit âne à la robe cendrée, la mine placide, et l'air goguenard, entêté tout juste pour ne pas démentir son origine, ressemblant quant au reste singulièrement à ses congénères de Basse-Bretagne.

Pour cette affinité évocatrice, nos « Jean-Gouin » l'avaient adopté avec la joie enfantine des âmes simples. Ils ne tardèrent pas à le faire complètement des leurs en lui décernant des lettres de grande naturalisation, en retour desquelles — j'allais dire « en reconnaissance » — il leur rendit de multiples, de très signalés services. Il les continue, moins brillants à coup sûr, mais toujours appréciés, au 3ᵉ Dépôt des Equipages de la Flotte où dorénavant pour la vie lui sont assuré bon gîte et copieuse provende.

Lorsque, sous la brume lourde d'une fin d'après-midi de décembre 1915, rentraient à Lorient, — la Brigade dissoute, — nos épiques fusiliers-marins, ce ne fut certes pas le moindre attrait pour la foule sympathiquement massée le long des contre-allées du Cours Chazelles, — et débordant même la Chaussée — que de voir le petit âne défiler à l'arrière-garde du détachement, escorté de rudes poilus aux capotes décolorées et déchiquetées, toutes couvertes de boue et pour beaucoup tachetées en maints endroits de leur propre sang.

Il avait fort bonne mine ainsi, marchant allègrement, tout

chargé de son *barda* de campagne, le petit baudet de Flandre, et il semblait s'en rendre bien compte à la manière dont il dressait fièrement sa tête narquoise portant, tout au sommet, entre deux oreilles incessamment mouvantes, le pompon de soie écarlate, symbole immortel désormais de l'inoubliable « Epopée ».

A présent encore qu'il est reposé, « Dixmude » (c'est le nom suggestif dont l'ont baptisé nos cols bleus) continue de remplir consciencieusement les obligations militaires dont il a charge.... obligations peu lourdes, à vrai dire, et ne consistant en somme qu'à faire, une ou deux fois par jour, attelé à une minuscule charrette — avec toujours cette mine haute et ce pompon de tête qui rougeoie au ciel clair et frissonne à la brise — le trajet de l'arsenal à la gare... et retour. A l'aller, il traîne d'ordinaire des sacs de marins permissionnaires ou partant pour le front : il s'en revient chargé de force ballots de tabac pour la plus grande joie de ses « camarades ».

Car il est bien leur camarade, sûr et fidèle à ces héroïques grands enfants de Bretagne, cet humble commensal, ce modeste auxiliaire des journées terribles d'octobre-novembre 1914 dans les plaines de l'Yser. Ces journées, il les a vécues, il les a souffertes avec eux. Aussi est-ce à très bon droit que l'unanimité des suffrages de ses compagnons de gloire lui ont décerné l'honneur de prendre rang pour jamais dans la splendide, dans l' « Unique » légion des « Demoiselles aux Pompons Rouges ».

EPILOGUE

LES DAMES DU COMITÉ DE LA GUERRE LORIENTAIS

Au moment de délivrer le bon à tirer, et en me relisant une dernière fois, je m'aperçois que j'allais commettre une impardonnable omission.

Il fallait en effet bien marquer — et voilà qui est fait ! — que, dès l'agrément du Ministre de la Marine à l'offre de la Municipalité Lorientaise de donner à nos fusiliers-marins un drapeau, digne d'eux, les Dames du Comité de la Guerre Lorientais, — dont l'inépuisable charité patriotique se manifeste inlassablement, et chaque jour, de la manière la plus délicate à l'égard de nos chers soldats et surtout des prisonniers de guerre, — avaient spontanément sollicité de le confectionner elles-mêmes.

Le délai imparti, trop bref, ainsi qu'on l'a vu, fut seul cause qu'on ne put donner suite à leur généreuse initiative :

Il serait de la dernière inélégance, comme aussi de la plus suprême ingratitude, de ne pas enregistrer néanmoins leur noble geste, que je me permets de souligner des noms des dames qui l'ont eu :

Sous la présidence d'honneur, en 1915, de Mme l'Amirale PERRIN, à laquelle succède aujourd'hui Mme l'Amirale FAVEREAU, la gracieuse et si prévenante compagne du Préfet maritime du 3e arrondissement Maritime, Commandant d'Armes, je cite sans autres commentaires :

Présidentes : Mmes NAIL, ESVELIN, MONY, femmes respectives du député de la circonscription, sous-secrétaire d'Etat à la Marine marchande, du Maire et du Sous-Préfet de Lorient.

Vice-Présidentes : Mmes SCHWARTZ, SORET, CHARBONNIER, BOULIGAND, DE LONGUEVILLE, cette dernière veuve d'un officier supérieur de la Marine, les autres, femmes du Sous-Directeur des Constructions Navales, du Membre du Barreau, du Directeur de l'Artillerie Navale et du Conseiller Général du 2e canton de Lorient.

Trésorière générale : Mme MARCHAL, veuve d'un officier supérieur de la Marine ; *trésorières :* Mmes MÉHEUT et RAMADE, femmes la première du Docteur et la seconde du Lieutenant-Colonel, commandant le dépôt du 1er régiment d'artillerie coloniale.

Secrétaire générale : Mme MONTRELAY, femme du notaire ; *secrétaires :* Mmes GLOTIN, femme de l'avoué, TOURNON, directrice de l'école primaire supérieure de Filles, et HUSSON, veuve du Colonel, mort au Champ d'honneur.

Cette juste réparation faite, il ne me déplaît pas en somme que ceci ne vienne qu'en tout dernier lieu.

Après les rudes évocations des premières pages, puissamment exaltatrices et réconfortantes, à coup sûr, mais pourtant bien dures et pénibles au cœur de tant de pauvres mères, passer, comme on fait une revue après la dernière victoire, devant le front de ces nobles femmes Lorientaises qui se donnent avec tant de cœur au soulagement des innombrables souffrances qui leur sont chaque jour signalées, cela donnera l'impression qu'on éprouve, après une longue et fatigante journée, de respirer au frais, et à pleins poumons reposés, les émanations odorantes et subtiles d'une corbeille de fleurs.

En vérité, comment eussè-je pu mieux finir ?

Lorient, 10 juin 1917.

LES MORTS AU CHAMP D'HONNEUR

OFFICIERS

MM.

JEANNIOT (Roch-Louis), capitaine de frégate, ancien commandant de bataillon, assassiné par les Allemands le 6 octobre 1914, à *Bıeskirque (Belgique)*, habitant rue de la Voûte, *Lorient*.

RABOT (Eugène), capitaine de frégate, commandant le 2ᵉ bataillon du 1ᵉʳ régiment, porté comme disparu le 10 novembre 1914, rue Carnot, *Lorient*.

MARTIN DES PALLIÈRES, lieutenant de vaisseau, commandant la compagnie de mitrailleuses du 1ᵉʳ régiment, tué à Dixmude le 10 novembre 1914, originaire *d'Auray*.

LE DOUGET (Félix), lieutenant de vaisseau, tué à Dixmude, en octobre 1914, rue Duguesclin, 46, *Lorient*.

DE MONTGOLFIER (Marcel), lieutenant de vaisseau, tué à Dixmude le 10 novembre 1914, domicilié à *Lorient*.

DAUDU (Auguste), officier des Equipages de la Flotte, fait chevalier de la Légion d'honneur sur le champ de bataille. Tué le 25 octobre 1914, à Dixmude, rue Dupleix, puis rue du Morbihan, *Lorient*.

HERVÉ (Eugène), officier des Equipages de la Flotte, tué à Dixmude en novembre 1914, rue Galabert, 30, *Lorient*.

MAISTRANCE, QUARTIERS-MAÎTRES ET FUSILIERS

AMICE (Armand-Marie), mat. de 1re cl., fus. brev., Dixmude, 21 octobre, Boussac, en *Augan*.

AUFFRET (Charles), q.-m., Dixmude, novembre 1914, 8, rue Noällen, *Lorient*.

BRUEL (Dominique), mat. 2e cl., Dixmude, 10 nov., Lann-Veur, *Plœmeur*.

BOUÉE (Eugène), mat. 1re cl., brev. fus., Dixmude, 21 octobre, la Ville-Caro, *Mauron*.

BRÉGENT (François), q.-m., Dixmude, 21 octobre, Cours de Merville, 27, *Lorient*.

CAUDAL (Alexis), mat. clairon 1re cl., Dixmude, 19 octobre, *Sainte-Anne d'Auray*.

COCHÉ (Mathurin), mat. de 2e cl. fusilier, Dixmude, 24 octobre, 107, rue de Brest, *Lorient*.

COLÉOU (Gabriel), q.-m. électr., hôpital de Rosandaël, 29 octobre, 13, rue de l'Assemblée Nationale, *Lorient*.

CRÉACH (Désiré), mat de 2e cl. mécan., Dixmude, 19 octobre, 26, rue du Four, *Vannes*.

ÉVENO (Jean-Marie), mat. de 1re cl. méc., Dixmude, 24 octobre, Assistance Publique, *Vannes*.

FOUILLEN (Julien), mat. de 1re cl. méc., Dixmude, 27 octobre, 16, rue Paul-Bert, *Lorient*.

GARNIEL (Louis), mat. méc., Dixmude, 26 octobre, rue du Marquis, *Plouay*.

GILLARD (Adolphe), maître, Dixmude, octobre 1914, rue Emile-Zola, 46, *Lorient*.

GUENNEC (Théophile), matelot, Dixmude, novembre 1914, quai Rohan, 11, *Lorient*.

GUILLOUX (Joseph), fus.-brev., Dixmude, novembre 1914, 45, rue Claire-Droneau, *Lorient*.

HOREL (Jean), mat., fus.-brev., mort à Rieux, le 26 novembre 1914, des suites de ses blessures, Kerminan, *Caudan*.

JIQUEL (JOSEPH). mat. de 1re cl., fus.-brev., Dixmude, 26 octobre, *Landévant.*

KELFERS (JOSEPH), 2e m. four., Dixmude, 22 octobre, Pléneno, en *Keryado.*

KERNER (HENRI), 2e m. méc., Dixmude, 25 octobre, *Riantec.*

LE BRETON (JEAN), 1er maître, Dixmude, octobre 1914, rue de l'Hôpital, 95, *Lorient.*

LE CUNFF (JOSEPH), quart.-m., Dixmude, octobre 1914, rue du Pont, 52, *Lorient.*

LE FÉLIC (JEAN-LOUIS), mat. fus.-brev., hôpit. de Calais, 25 octobre, *Hennebont.*

LE MENACH (JOSEPH), mat. boulanger-coq., Dixmude, 21 octobre, Garvenez, en *Séné.*

LE GOUGUEC (STANISLAS), mat. chauf.-brev., Dixmude, 19 octobre, Chaplain, en *Baden.*

LE CORRE (RENÉ), mat. chauf.-brev., Dixmude, 26 octobre, 6, rue du Port, *Lorient.*

LE DAUPHIN (LOUIS), brev.-fus., Dixmude, 24 octobre, Kerdiret. *Plœmeur.*

LE ROUX (ALAIN), brev.-fus., Dixmude, octobre 1914, rue Jules-Simon, 19, *Lorient.*

LE STUNFF (AUGUSTE), quart. m. élect., Dixmude, 3 novembre, 28, rue des Noyers, *Lorient.*

LE GAUDION (GUIGNER), 2e mat., fus. temp., Dixmude, 8 novembre, *Pluvigner.*

LAINÉ (MARIE-ANGE), 2e m. fus., Dixmude, 16 octobre, 16, rue de Kerlin, *Lorient.*

LAYEUX (FRANÇOIS), mat. chauf. fus. suite de blessures à Dixmude, 12 octobre, *Josselin.*

LE ROCH (HENRI), mat. méc., Dixmude, 26 octobre, quartier du Loch, *Auray.*

LE LUC (EMILE), mat. méc., Dixmude, 24 octobre, Locmaria, *Belle-Ile-en-Mer.*

LE DUC (JEAN-MARIE), mat. de 1re cl. gabier, Dixmude, 19, octobre, *Surzur.*

LE GUENNEC (THÉOPHILE), mat. méc. Dixmude, 12 novembre, 11, quai Rohan, *Lorient.*

LE ROUSEAU (ou Le Rouzo) (Jean-Louis), app. fus., Dixmude, 27 octobre, Le Plessis, *Lanester*.

MOULLAC (Jean), mat. s. spéc., Dixmude, 24 octobre, Locmalo, *Port-Louis*.

MAHÉ (Louis), mat. maître d'hôtel, Dixmude, 23 octobre, *Lignol*.

MONOT (Louis-Paul), mat. méc., Dixmude, 24 octobre, 53, rue Ratier, *Lorient*.

NICOLAS (Charles), quart.-m. fus., Dixmude, 6 novembre, *Keryado*.

ORJUBIN (Paul), appr. mécan. Ambulance d'Alveringhen (Belgique), 9 novembre, 26, place des Lices, *Vannes*.

POTHIER (Mathurin), quart.-m. de mousqu., Beers, Belgique, 19 octobre, Cours Chazelles, 2e *Lorient*.

PRÉVOST (Alphonse), mat. timon -brev. Ambul. de Zuydschoote, 20 octobre, 106, rue de Merville, *Lorient*.

ROBERT (Francis), mat. cuisin., Dixmude, 26 octobre, *Quiberon*.

ROUXEL (Emile), mat. mécan., Dixmude, 24 octobre, *La Trinité-Porhoët*.

VERGELY (Maurice), quart.-m. méc., Dixmude, 26 octobre, 79, rue de la   *Lorient*.